NOTICE

SUR

L'IMPOT DES TABACS

EN ALGÉRIE

ALGER
IMPRIMERIE ORIENTALE, PIERRE FONTANA
3, RUE PÉLISSIER, 3

1906

NOTICE

SUR

L'IMPOT DES TABACS

EN ALGÉRIE

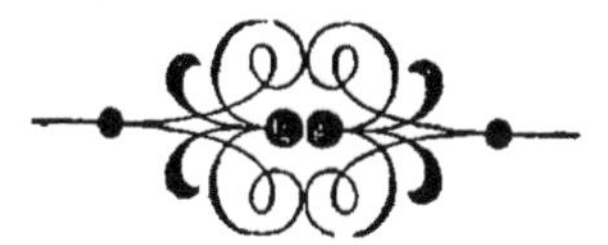

ALGER

IMPRIMERIE ORIENTALE, PIERRE FONTANA

3, RUE PELISSIER, 3

1906

A MESSIEURS

LES DÉLÉGUÉS FINANCIERS,

LES CONSEILLERS GÉNÉRAUX, ET

LES MEMBRES DES CHAMBRES DE COMMERCE DE L'ALGÉRIE.

MESSIEURS,

Avant d'attirer votre bienveillante attention sur l'exposé qui va suivre, le Syndicat Général des Fabricants de Tabacs d'Algérie, se permet d'affirmer énergiquement son désir de voir maintenir le *statu quo ante*, c'est-à-dire le libre développement, sans entrave d'aucune sorte, d'une industrie qui intéresse diverses branches, et des plus importantes, de l'agriculture et du commerce algériens.

Ce point définitivement fixé, afin de vous convaincre de l'esprit d'impartialité qui a dicté son exposé, le Syndicat Général des Fabricants de Tabacs, s'inclinant devant les raisons budgétaires qui empêchent le maintien des conditions actuelles de liberté pour cette industrie, ne s'est rallié au projet du Monopole des Tabacs que parce qu'il estime sincèrement, et il vous en apporte la démonstration éclatante, que ce projet est le seul apte à sauvegarder tous les intérêts en présence, le seul qui permette à notre Colonie de trouver amplement les ressources qui lui sont nécessaires actuellement, ou dont elle pourra avoir besoin dans l'avenir.

Si, d'autre part, il proteste avec toute son énergie contre l'établissement des taxes de fabrication, c'est qu'il pense, et les connaissances techniques de ses membres en sont le sûr garant, que l'impérieux devoir lui incombe, de signaler, dans l'intérêt supérieur de l'Algérie, les périls que cette mesure inutilement vexatoire, ferait courir à la Colonie. Si celle-ci comptait sur les recettes provenant de ces taxes, elle ne pourrait équilibrer son budget d'une façon certaine et se trouverait dans l'obligation de se créer de nouvelles ressources, ou d'abandonner à jamais, des projets dont l'exécution peut donner un rapide essor à son développement.

Ce néfaste projet adopté, serait, en même temps que la source d'amères désillusions budgétaires, la ruine immédiate des agriculteurs et des fabricants.

NOTICE SUR L'IMPOT DES TABACS

EN ALGÉRIE

Critique de l'Impôt et de la Taxe de fabrication.

Nous l'affirmons à nouveau, cet impôt et cette taxe ruineraient l'industrie des tabacs, sans aucun avantage appréciable pour le budget algérien.

Nous démontrerons bientôt, que la fraude absorberait pour le moins 50 0/0 des revenus prévus. Si les besoins immédiats de la Colonie sont de 4 millions et demi (4.500.000 francs), il faudra prévoir un impôt de 9 millions. Or, la consommation algérienne (exportation non comprise) étant de 3.335.337 kilos, il faudrait établir une taxe de 2 fr. 50 par kilo, pour obtenir une recette de 8,375,000 francs environ.

La culture locale produisant 6.500.000 kilos, sur lesquels 3.000.000 sont achetés par la Régie française et 200.000 exportés, il ne reste, pour la consommation algérienne, qu'environ 3.300.000 kilos. En supposant une taxe de 15 francs par 100 kilos sur la culture, taxe déjà écrasante, puisqu'elle représenterait pour certaines qualités de tabac, plus de 50 0/0 de la valeur marchande, on obtiendrait une recette de 495.000 francs, qui jointe aux 8.375.000 francs obtenus pour la fabrication, formerait péniblement la somme prévue de 9.000.000, sur laquelle (en raison de la fraude) le Trésor ne toucherait que 4.500.000 francs, dont il faudrait encore déduire les énormes frais de surveillance des plantations et d'exercice.

Ainsi, pour réaliser un apport qu'on peut, au maximum, évaluer à 4.000.000 de francs, le Gouvernement devrait établir les taxes suivantes :

1° 15 francs par 100 kilos sur les tabacs en feuilles, au moment des achats, ce qui représente environ 25 francs après dissécation, fermentation et manipulation ;

2° 2 fr. 50 par kilo de fabrication.

Toute taxe inférieure à cette évaluation, ne permettrait pas de ce chef l'équilibre du budget.

Ces taxes mèmes, constitueraient une prime à la fraude et amèneraient à brève échéance, la ruine certaine de l'agriculture et de la fabrication.

L'Etat, ne détenant ni la culture, ni la fabrication, ni la vente, serait impuissant à réprimer la fraude se produisant sous le couvert de ces trois bases fondamentales de l'industrie du tabac.

Avant de passer à l'étude minutieuse de ces bases industrielles, examinons d'abord dans quelles conditions devrait être établie la perception de l'impôt.

Les tabacs en feuilles devraient être vendus dans les marchés spéciaux, où la taxe de culture de 15 francs par 100 kilos, serait perçue à leur sortie.

Il faut d'abord tenir compte de ce fait agricole, que la maturité et la dissécation des tabacs ne se produisent pas en même temps pour une même plantation, et la récolte, commencée quelquefois en juillet, peut ne se terminer qu'en octobre. Quel personnel ne faudrait-il pas à l'Etat, pour s'assurer que les planteurs portent la totalité de leurs produits aux marchés, et quelles vexations les dits planteurs n'auraient-ils pas à subir par l'intrusion du fisc dans leurs hangars de séchage ?

En outre, il ne faut pas oublier qu'en général, les plantations de tabac se font, en Algérie, de compte à demi avec des khammès. Ceux-ci ne seront-ils pas alléchés par l'appât d'une prime de 2 fr. 75 par kilo et ne s'empresseront-ils pas de détourner des tabacs à leurs propriétaires ?

Actuellement, sans prime d'aucune sorte, se commettent de nombreux détournements sur la moitié de la récolte revenant au propriétaire foncier. Que serait-ce avec l'espoir d'un gain plus élevé ?

Pour sauvegarder le produit de son travail, et empêcher les vols commis sur ses plantations par des étrangers ou par ses propres khammès, le colon sera obligé d'augmenter ses frais de gardiennage. En raison de sa qualité de propriétaire, sa responsabilité ne serait-elle pas engagée par les détournements de ses fermiers, et ne devrait-il pas supporter les amendes encourues pour tentatives de fraude faites même à son insu ?

Les fabricants, écrasés par les impôts et par la fraude, rechercheront les tabacs très bon marché, afin de récupérer une partie des frais nouveaux qu'ils auront à subir.

Une baisse de prix serait la conséquence inévitable et rapide de la surproduction qui résulterait d'une baisse dans la consommation, inévitable aussi, comme nous le prouverons plus loin.

Nous ne nous étendons pas davantage, Messieurs, sur la situation désastreuse qui serait faite aux planteurs. Les vexations du fisc, les vols, les frais de gardiennage, les ennuis et les responsabilités de toutes sortes auxquels ils seraient exposés, la perspective de prix de vente de moins en moins élevés, les forceraient à cesser la culture du tabac.

L'Etat trouverait-il un avantage à voir supprimer du même coup, la forte main-d'œuvre que nécessite cette culture avec les bénéfices qu'elle procure, et à priver ainsi la Colonie, dans la terrible crise viticole qu'elle subit, d'un élément de prospérité ?

Examinons maintenant la situation des fabricants. Ceux-ci seraient dans une situation encore plus pénible que celle des colons.

Il existe, en effet, actuellement, fait connu de tous les intéressés, de nombreuses fabriques clandestines, qui frustrent l'Etat de la licence afférant à la petite industrie, soit 360 francs. Le nombre de ces fabriques va augmenter considérablement lorsqu'il sera possible à l'une d'entre elles, produisant seulement 40 kilos par jour, de frauder pour 360.000 francs par an.

Il faut remarquer que le commerce de tabacs en feuilles continuant à s'exercer librement, le produit non fabriqué pourra circuler en n'importe quelles mains, pourvu qu'il ait acquitté la taxe primitive de culture.

Les ouvrières en chambre, qui sont actuellement plus de cent, à Alger seulement, pourront continuer à fabriquer elles-mêmes les cigares et à les revendre aux débitants, leurs clients, dans les mêmes conditions de prix.

Comment exercera-t-on la surveillance des plantations et des khammès qui, ayant détourné une partie de leur récolte, la hacheront et la revendront soit directement aux consommateurs, soit aux débitants qui, intéressés à l'existence de la fraude, deviendront les intermédiaires zélés de cette industrie clandestine.

Il faudrait, dans ces conditions, un personnel considérable pour exercer une surveillance qui resterait à demi efficace, et vous n'ignorez pas, Messieurs, combien sont nombreux les exemples de fraude, pour des matières autrement encombrantes et dangereuses que ne l'est le tabac.

Le fabricant qui voudrait opérer honnêtement serait ruiné immédiatement, moitié par la fraude, moitié par les nombreuses charges nouvelles qu'il aurait à supporter.

Les conditions actuelles de vente, en effet, comportent un crédit de 120 jours. Or, une fabrique qui coupe 1.200 kilos par jour devrait faire journellement à l'Etat une avance de 3.000 francs, soit 360.000 francs pour le terme de 120 jours, sans compter l'avance de taxation fixée à 15 francs par 100 kilos, laquelle, sur un stock moyen de 4.500 quintaux nécessaire à un établissement industriel de cette importance, atteindrait 70.000 francs environ.

Quel fabricant actuel pourrait supporter cette charge écrasante ? Et si sa situation commerciale ne lui permettait pas de réaliser immédiatement la somme de 430.000 francs, devra-t-il fermer son usine, et perdre ainsi le fruit du travail de plusieurs générations ?

L'Etat, dira-t-on, pourra accorder des facilités pour le paiement de ces droits. Mais quelles que puissent être les prorogations de crédit, le fabricant sera tenu au remboursement de ces droits dans un délai assez court, et si ses propres clients, à qui il devra accorder des crédits quatre fois plus élevés, ne le paient pas, comment s'acquittera-t-il au profit du Trésor ?

Car une caisse de tabac vendue actuellement 100 francs les 100 kilos, devra être vendue au minimum 375 francs, sur lesquels le fabricant avancera 275 francs en espèces, à l'Etat.

Les risques de clientèle augmenteraient dans de très fortes proportions et il n'arriverait probablement pas à négocier en banque, des valeurs représentatives de crédits quatre fois plus élevés. De plus, ses frais d'escompte seraient très augmentés puisqu'ils porteraient sur des crédits représentant trois fois la valeur de la marchandise.

Quant à percevoir la taxe à destination, il n'y faudrait pas songer. Comment, en effet, percevoir à Touggourt ou à Colomb-Bechar, par exemple, une taxe sur une marchandise expédiée d'Alger. Les déchets de route, les vols, les avaries qui pourraient se produire, en altérant la quantité et la qualité du produit transporté, détruiraient toute base solide d'évaluation, et par conséquent de taxation.

Les risques de taxe à destination, seraient grossis encore, du fait que les débitants constituent une classe peu fortunée qui ne se maintient que grâce aux crédits consentis par les fabricants.

Aussi, lorsque le détaillant n'aura pas en caisse la somme nécessaire à l'acquittement des droits, lors de l'arrivée de la marchandise, il la refusera, infligeant au fabricant les frais d'un double transport, sans compter les risques doublés aussi, de vols, d'avaries, etc.

Au retour de ces marchandises à l'usine, le fabricant sera-t-il contraint à payer les droits des parties avariées ou soustraites ?

La conclusion qu'impose l'examen critique de la réglementation projetée, c'est que les usiniers ne peuvent devenir les banquiers de l'Etat et que la perception des droits dans les conditions signalées, équivaudrait à une véritable spoliation.

Aucun esprit de raison et de justice ne peut penser que l'Etat ait le droit d'agir ainsi, sans offrir à l'industrie lésée, de légitimes indemnités.

Les industriels, s'ils étaient préjudiciés par les dispositions nouvelles, deviendraient fraudeurs à leur tour et nombreux seraient à leur service les moyens de fraude, nul n'ignorant que les différences dans les densités du tabac suivant leur lieu de production, la puissance hygrométrique de ce produit, le choix du procédé de fabrication, permettraient aux fabricants de tromper aisément le fisc par l'augmentation ou la diminution des poids réels, sous la seule variation des éléments inutilisables.

Les débitants qui voudraient exercer honnêtement leur commerce, seraient également ruinés. En outre des avances considérables qu'il seraient obligés de faire, par suite de l'élévation des prix d'achats, ils verraient leur clientèle diminuer par la triple concurrence de la fraude, de la fabrication clandestine et de la production particulière.

Les cafetiers, épiciers, cantiniers qui vendent actuellement du tabac comme article accessoire pourraient en continuer la vente, mais le détaillant qui ne peut compter que sur l'écoulement de ce produit pour assurer sa subsistance et ses besoins généraux, serait irrémédiablement obligé de cesser son commerce.

Pour ne citer qu'un exemple de fraude impossible à réprimer, prenons le fait suivant :

Une boîte de 50 cigares devra, avant d'être livrée à la vente, être recouverte d'une vignette portant mention du montant des droits lui afférant.

Le débitant peu scrupuleux conservera précieusement cette boîte revêtue de son estampille et la remplira indéfiniment de cigares de contrebande, lorsque ceux qu'elle contenait, auront été détaillés.

Le même cas se représentera pour les tabacs en vrac ou en paquets et pour les cigarettes en boîte de 100, vendues actuellement à raison de 4 cigarettes pour 0 fr. 05.

Quels moyens seraient à la disposition de l'Etat pour anéantir cette fraude que le détaillant pourra commettre seul et très simplement ?

Les particuliers, d'autre part, fabriqueraient très facilement leurs produits. Le commerce des tabacs en feuilles étant libre, ils auront tout avantage à acheter les matières premières brutes et à les transformer en tabac haché ou en cigarettes.

On vend, au prix de 30 francs, de petits hachoirs mécaniques mûs à main, qui permettent de hacher jusqu'à 10 kilos de tabac par jour. Alors que le prix du kilo de tabac haché et vendu au détail sera, de 5 francs au moins, le consommateur pourra avoir du tabac en feuilles à 1 franc ou 1 fr. 25. La différence sera assez sensible et l'engagera à devenir lui-même son propre fabricant, car une seule première mise de fonds de 40 francs lui sera nécessaire et il trouvera dans le milieu familial une main-d'œuvre absolument gratuite. Nombre de personnes, dans ces conditions très avantageuses, fabriqueront pour elles, et même cèderont à leurs amis des produits fabriqués.

L'Etat prétend-il pouvoir exercer un contrôle dans chaque maison particulière ?

Pour les consommateurs qui ne fabriqueraient pas, la situation serait très désagréable en raison de la surélévation forcée des prix.

En nous basant sur un article de vente très courant à cause de son bon marché : le paquet de tabac de 100 grammes, qui est vendu actuellement, au détail, 0 fr. 15 et qui aurait à supporter 0 fr. 275 de droit (2 fr. 75 par kilo) verrait son prix porté à 0 fr. 50, car le fabricant et le détaillant seraient dans l'obligation de majorer leurs produits, non seulement du montant des droits avancés par eux, mais aussi d'une partie de l'intérêt basé sur les sommes qu'ils auront avancées.

Par analogie, le paquet de 50 grammes vendu actuellement 0 fr. 10 devra être vendu au moins 0 fr. 30 ; le paquet de cigarettes à 0 fr. 10 devra être vendu 0 fr. 25.

Dans ces conditions, le consommateur n'hésitera pas à donner sa clientèle à la fraude qui lui vendra ces mêmes produits 50 0/0 meilleur marché.

Nous prouverons dans le chapitre suivant, que la Régie peut, en maintenant sensiblement les prix actuels, réaliser d'énormes bénéfices et ne pas mécontenter le consommateur.

Grave considération économique : le nombre et le salaire des ouvriers manufacturiers diminueraient en raison de l'importance des charges pesant sur l'usine qui les occupait, car les industriels obligés de rechercher le maximum d'économies auraient comme objectif le remplacement de la main-d'œuvre de l'ouvrier par le travail mécanique.

Nous ne nous étendrons pas davantage, persuadés, Messieurs, que vous êtes bien convaincus, qu'une recette provenant de la taxe de fabrication ne pourrait être qu'illusoire, que cette taxe serait aussi ruineuse pour les industriels que néfaste pour l'agriculture, aussi vexatoire pour les débitants, les consommateurs et les ouvriers, qu'inutile et sans rendement appréciable pour le budget.

EXAMEN DU MONOPOLE

Reprenant les critiques formulées contre les taxes de fabrication, nous allons démontrer qu'elles donnent une grande supériorité au monopole, si le *statu quo* ne peut être maintenu.

Il importe de bien préciser avant d'entrer dans le détail de la discussion, que l'Etat détenteur du monopole des tabacs, détiendrait :

La culture, étant le seul acheteur ;

La fabrication, étant le seul fabricant ;

La vente, étant le seul vendeur.

Tous ces éléments concentrés dans la même administration, il serait très facile de réduire la fraude à sa plus stricte expression, et les bénéfices que l'Etat réaliserait d'abord par la diminution des frais généraux d'exploitation et de fabrication, puis par la vente, lui permettraient d'en faire profiter, en partie, les planteurs et les consommateurs.

Le monopole produirait des effets absolument contraires à ceux qui résulteraient de l'établissement des taxes de fabrication.

L'Etat ayant la surveillance des plantations, délivrant des autorisations de culture, pourrait réglementer cette culture, en s'inspirant de l'exacte connaissance de ses propres besoins qui ne sauraient être inférieurs aux nécessités actuelles, ce qui permettrait de conserver les mêmes plantations. Il pourrait éviter une surproduction, serait-ce même au prix d'une légère diminution proportionnelle dans les surfaces à ensemencer.

Sûrs de vendre toute la production, les planteurs n'auraient aucun souci des alea de la vente. En cas de nécessité, il leur sera facile de warranter leur récolte, aucun banquier ne pouvant hésiter à faire des avances sur une récolte achetée par l'Etat à des prix déterminés, également à l'abri de la hausse et de la baisse.

Au surplus, les bénéfices réalisés par le monopole de la fabrication et de la vente, permettraient à la Colonie de fixer, pour les achats, des prix plus élevés que ceux payés actuellement par les fabricants. Les prix moyens payés par la Régie française pour les tabacs cultivés en France, sont très supérieurs aux prix moyens payés par les fabricants algériens pour les tabacs du pays.

Le monopole algérien pourrait, comme la Régie française, établir à titre d'encouragement à la culture, une prime de 10 fr. par 100 kilos pour les qualités dites « surchoix ».

La preuve qu'avec la Régie, les plantations plus avantagées, iraient en se développant, nous est donnée par les statistiques suivantes, relatives à la culture du tabac en France. A notre grand regret, ces statistiques n'ont été dressées que tous les quatre ans et s'arrêtent en 1892.

En 1872,	la production	totale fut de	11.658.481	kilos.
En 1876,	—	—	12.176.034	—
En 1880,	—	—	13.083.778	—
En 1884,	—	—	16.252.425	—
En 1888,	—	—	20.175.563	—
En 1892,	—	—	20.576.483	—

Ainsi, la plantation française a presque doublé en 20 ans, malgré la réglementation étroite de la culture du tabac. Il nous faut croire que les planteurs y trouvent leur avantage et que le régime auquel ils sont soumis, n'est pas aussi draconien en fait, qu'il peut le paraître en théorie.

Par la réglementation et la surveillance de la culture, l'Etat réduirait à leur minimum les possibilités de fraude, car la plantation est actuellement concentrée sur un territoire restreint, par conséquent facile à surveiller. La

Kabylie, une partie de la Mitidja, une partie de la région de Bône, produisent seules des tabacs.

Les vols au préjudice des colons disparaîtraient, parce que les voleurs ne pourraient plus, comme avec la taxe de fabrication, vendre le tabac en feuilles aux industriels, puisque l'Etat serait le seul acheteur. Ils devraient se résoudre à le hacher eux-mêmes et ne pourraient que le revendre directement au consommateur, car le contrôle exercé sur le débitant, empêcherait ces derniers de devenir les intermédiaires à l'écoulement des produits fraudés, comme ils le seraient avec le régime que nous combattons. Quelles difficultés présenterait la vente clandestine de 100 kilos de tabac en petites portions de 50 à 100 grammes correspondant aux besoins des consommateurs, et quels risques courraient les fraudeurs qui seraient quelque jour dénoncés par leurs propres clients!

Nous ne voulons pas, Messieurs, retenir davantage votre attention et nous sommes persuadés avoir établi dans votre esprit cette conviction : qu'au seul point de vue du planteur, tous les risques et aléa résultant de l'application des taxes de fabrication, seraient remplacés par des avantages et des profits dans le régime du monopole. Cette certitude est-elle à négliger, au moment où la mévente des vins et la dépréciation de la propriété rurale pèsent si cruellement sur la population agricole ?

Voyons maintenant ce qui résulterait pour l'ouvrier et le détaillant, de l'établissement du monopole.

L'Etat étant le seul fabriquant et le seul détenteur des moyens de fabrication et du dépôt de tabacs en feuilles, n'aurait plus à craindre la production particulière clandestine, puisque celle-ci ne pourrait s'alimenter des matières premières nécessaires dont l'importation ou la vente serait prohibée, sauf pour le compte de l'Etat.

Par suite de la concentration de l'industrie dans quelques usines seulement, de la réduction des frais généraux et de la suppression presque totale de la fraude, le Gouvernement pourrait améliorer grandement le sort de la classe si intéressante des travailleurs de tabacs, et établir comme dans les manufactures françaises, des caisses de retraite, de secours contre le chômage, d'assurance contre la maladie, œuvres sociales humanitaires impossibles aux fabricants actuels, traqués par la concurrence et menacés de la ruine par les taxes de fabrication.

Avec le monopole, tous les tabacs devant être vendus en paquets ou en bourses, par suite de la suppression de la vente du tabac en vrac, une main-d'œuvre supplémentaire assez considérable serait nécessaire, ce qui permettrait à nombre d'ouvriers de trouver là, leur travail et leur subsistance.

Quant aux détaillants, ce régime serait pour eux préférable à celui sous lequel ils se trouvent actuellement. La limitation des bureaux de vente au nombre actuel, l'unification de la vente des produits et des prix fixés par la Régie, les mettraient eux aussi, à l'abri de la concurrence pénible et acharnée qu'ils subissent.

Le privilège de la vente au détail qui leur serait donné, le retrait du droit de vente des tabacs aux cafés et cantines, leur permettraient de doubler leurs recettes, et la titularisation en bureaux de vente de la Régie, de leurs magasins libres actuels, donnerait à ces derniers une plus-value considérable.

La mise de fonds nécessaire à l'exploitation de ces bureaux serait réduite à sa plus simple expression, puisqu'au lieu d'être tenus comme aujourd'hui, à avoir des stocks parfois considérables et plusieurs marques différentes, les débitants, par l'unification des types vendus, pourraient s'approvisionner tous les jours aux entrepôts de la Régie.

Ces avantages, parallèlement au contrôle que l'Administration pourrait exercer sur eux, à la crainte de voir fermer leurs bureaux, sans préjudice des amendes encourues, à celle de la concurrence qui pourrait leur être éventuellement faite par la fraude, les mettraient dans l'obligation morale, non seulement de ne pas s'associer aux fraudeurs, mais même de les dénoncer.

Nous verrons dans un instant que le consommateur aurait aussi tout intérêt à l'établissement d'un régime qui lui permettrait, chose impossible avec les taxes de fabrication, de fumer d'excellents produits à bon marché.

Nous vous avons démontré, Messieurs, que le monopole réduirait la fraude, sauvegarderait les intérêts des planteurs, des ouvriers, des débitants et des fabricants, ces derniers expropriés par l'Etat; il nous reste à prouver que les intérêts du Trésor seraient également sauvegardés et que le monopole pourrait fournir au budget un élément stable et certain de revenus sur lesquels on pourrait baser l'avenir de tous les projets de transformation ou d'amélioration pouvant intéresser l'Algérie.

Nous avons la certitude, que l'expropriation des fabricants de tabac et du commerce s'y rattachant, ne coûterait pas plus de 20.000.000 de francs, le rachat du matériel, environ 1.000.000 et demi, la construction de trois usines, 1.000.000. Au total 22.000.000 et demi, mettons en chiffres ronds 23.000.000.

Comme le rachat des réserves de tabacs en feuilles et fabriqués au moment de leur prise en charge par l'Etat, coûterait environ 3.000.000, et qu'un fonds de roulement de 4.000.000 serait amplement suffisant, un capital total de 30.000.000 serait donc nécessaire, dont 23.000.000 seulement, représentant l'immobilisation fiduciaire nécessitée par le rachat des usines et du matériel, serait à amortir.

L'Etat pouvant facilement emprunter à 4 0/0 amortissement compris, il resterait une charge annuelle de

920.000 francs, un million pour rester au-dessus de la vérité.

Quant aux frais d'exploitation et de surveillance, ils ne sauraient s'élever à plus de 1.000.000 par an, les frais généraux à un maximum de 800.000 francs, soit en tout 2.720.000 francs ; prenons le chiffre fort de 3.000.000 comme répondant au chiffre maximum.

La consommation algérienne (exportation non comprise) étant d'environ 3.335.337 kilos, l'Etat, en tenant compte de l'économie réalisable par la concentration et l'importance des fabrications, pourrait facilement vendre, au moins dans les premiers temps, ses produits à raison de 5 francs le kilo. En prenant comme type le paquet de 20 cigarettes vendu actuellement 0 fr. 10, le même prix de vente au détail pourrait être conservé pour le paquet de 16 cigarettes (1.300 grammes au mille), c'est-à-dire qu'il supporterait une majoration de 1/5 à peine, et uniquement par une légère diminution de quantité.

Des calculs très exacts permettent d'affirmer que le prix de revient serait pour l'Etat de 2 francs par kilo, d'où un gain de 3 francs pour le même poids, soit sur 3.335.000 kilos, un bénéfice brut de 10.000.000 environ, et en séparant de cette somme les 3.000.000 de frais calculés, 7.000.000 de bénéfice net.

Considération importante : les prix de vente seraient très légèrement supérieurs aux prix actuels et l'ouvrier pourrait toujours se procurer avec 0 fr. 10, un paquet de cigarettes, ce qui lui serait impossible avec les taxes de fabrication.

Si, dans quelque temps, se produisait une hausse des prix de vente aux prix approximatifs de 6 fr. à 7 fr. 50 par kilo (encore de beaucoup inférieurs aux prix de vente du monopole tunisien), le gain pourrait s'élever proportionnellement, et les frais de fabrication et d'exploitation restant les mêmes, le bénéfice total pourrait atteindre de 9 à 12.000.000.

Aux bénéfices de la vente intérieure et comme il conviendrait de continuer et étendre l'exportation, il faut ajouter les revenus nés de cette branche.

L'exportation algérienne est actuellement, d'après les statistiques douanières, de 1.046.386 kilos. La vente, en tenant compte du prix spécial nécessité par la libre concurrence coloniale, serait susceptible de rapporter au minimum 1 franc de bénéfice par kilo, soit plus de 1.000.000 de bénéfice total.

Comme on peut objecter, sans raison cependant très plausible, que l'Etat réussirait moins que des fabricants à maintenir cette exportation, réduisons ce bénéfice de 50 0/0 et fixons-le à 500.000 francs.

Voici, Messieurs, des gains très importants, peu influençables, qui permettraient à la fois, une progression de crédit budgétaire et la possibilité d'une réserve de ressources sérieuses pour l'avenir.

Nous croyons, Messieurs, dans ce dernier point de notre argumentation basée toute entière sur notre longue expérience et des chiffres irréfutables, avoir parfait cette vérité de plus en plus évidente que seul le monopole peut, en sauvegardant tous les intérêts particuliers, donner au budget des ressources certaines.

Avant de terminer, veuillez nous permettre, Messieurs, d'exposer succinctement l'historique de l'établissement du monopole en France, et de puiser dans ses diverses phases, les enseignements nécessaires pour éviter la taxe de fabrication, qui ne saurait être qu'un stade des régimes successifs devant fatalement aboutir à la Régie. Mieux vaudrait donc aller directement au but et éviter les déboires et les pertes que des tatonnements timides causeraient sûrement.

Introduit en France vers l'an 1560, le tabac y fut frappé en 1629 d'un droit de 30 sous par livre. Ce droit fut élevé, en 1644, à 13 livres par quintal pour les tabacs de la Virginie, du Brésil et d'autres provenances étrangères et à 4 livres pour celui des colonies.

En 1674, le roi se réserva le privilège de la fabrication et de la vente, et l'exercice de ce privilège fut concédé pour six ans au prix de 500.000 livres pendant les deux premières années et 600.000 livres pour les années suivantes.

En 1697, le prix de la ferme fut porté à 1.500.000 livres.

Il était de 4.000.000 en 1719, quand fut créé un droit d'importation grâce auquel le commerce de tabac était devenu libre; mais le privilège de fabrication et de vente fut rétabli en 1721 et concédé, en 1723, à la Compagnie des Indes, moyennant une redevance annuelle de 3.000.000 de livres. Les fermiers généraux reprirent leur ferme en 1730 et la redevance s'élevant progressivement atteignit 32.000.000 de francs avant la Révolution. En 1790, l'Assemblée constituante, malgré les efforts de Mirabeau, supprima le monopole, en rendit libre la culture, le commerce et la fabrication, prohiba l'importation des feuilles étrangères et frappa d'un droit de 25 livres par quintal les tabacs en feuilles. Le premier effet de cette législation, fut de faire tomber les ressources annuelles à 1.500.000 francs.

Pendant le Directoire et le Consulat, la question de l'impôt sur le tabac fut traitée presque dans chaque session. On émit, à diverses reprises, l'avis de rétablir le monopole. Les rapporteurs des commissions exprimèrent le regret de l'atténuation des produits de l'impôt et l'espoir qu'à l'aide des remaniements proposés on pourrait commencer à le considérer comme une des ressources qui cessent de n'exister que dans le *Bulletin des Lois*. (Rapport au Tribunal.)

C'est ainsi que la loi du 22 brumaire, an VII, porta le droit d'importation du quintal de tabac en feuilles à 30 francs et que la loi du 29 floréal, an X, fixa un *droit de fabrication de 0 fr. 40 par kilo.*

Malgré ces mesures, le *produit* annuel de l'impôt *dont on espérait 12.500.000 francs, n'atteignit même pas 5.000.000.* (Et pourtant la prime à la fraude n'était que de 0 fr. 40 par kilo !)

Sur les réclamations des Commissions des Finances du Tribunal, le Gouvernement proposa et fit adopter par les Chambres (loi du 5 ventôse, an XII) la création de la régie des droits réunis comprenant dans ses attributions la surveillance et la répression des fraudes qui réduisaient à sa plus simple expression le produit de l'impôt sur le tabac, et qui fut armé des pouvoirs les plus étendus pour combattre ces fraudes.

Les droits de douane furent successivement portés à 80 francs les 100 kilos (an XII), à 200 et 180 francs (1806). Enfin, la loi du 24 avril 1806 porta à 0 fr. 80 le droit de fabrication, créa un droit de vente de 0 fr. 20 par kilo et prescrivit l'application de marques et de vignettes de la Régie sur tout tabac fabriqué. Le prix de chaque vignette fut fixé à 1 centime, par décret du 16 juin 1808. Ces aggravations successives des anciens tarifs, et surtout les mesures de surveillance, les pénalités rigoureuses qui allaient jusqu'aux galères perpétuelles et la peine de mort, les précautions de tout genre édictées pour prévenir et réprimer la fraude eurent pour résultat une augmentation assez sensible du produit de l'impôt sur le tabac, qui passa successivement de 9.000.000 (an XII) à 12.000.000 (an XIII) et 13.300.000 francs en 1808. *Il n'arrivait donc pas à la moitié des 32.000.000 de livres perçus en 1790*, au moyen de la prime, et cependant les prix de vente aux consommateurs restaient sensiblement les mêmes qu'à cette dernière époque, la qualité seule des produits ayant baissé par suite des sophistications auxquelles se livraient les fabricants et les débitants. D'autre part, on ne pouvait songer à élever encore les impôts qui frappaient la fabrication et la vente, non plus qu'à aggraver les pénalités rigoureuses dont la législation punissait les fraudeurs. *On dut donc reconnaître que les bases de l'impôt étaient vicieuses et qu'elles devaient être complètement réformées.*

Une commission spéciale fut chargée par le Gouvernement de rechercher les causes du déficit et les moyens de le faire cesser.

Ses travaux, soumis à l'examen du Ministère des Finances et du Conseil d'État, eurent pour conséquence le rétablissement du monopole de la fabrication et de la vente des tabacs au profit de l'Etat. (Décret impérial du 29 décembre 1810 et règlement du 12 janvier 1811). Les bénéfices réalisés pendant les six derniers mois, de 1811 compris, à 1814, furent de 93.355.842 francs, sur une vente de 55.879.975 kilos, à un prix moyen de 4 fr. 50 le kilo, soit un bénéfice annuel moyen de 37.342.375 francs.

La lecture de cet extrait du livre sur les Tabacs, par M. F. Bère, ingénieur en chef des manufactures de l'Etat, prouve d'une façon éloquente que, par suite des fraudes qui s'exercèrent, l'établissement des taxes de fabrication, malgré la sévérité de la répression, ne donna aucun résultat satisfaisant et qu'après de nombreuses modifications relatives à la législation de la vente des tabacs, le Gouvernement, ayant subi de coûteux déboires et de nombreuses vicissitudes, fut obligé d'en arriver au rétablissement du monopole.

En dehors des détails historiques ci-dessus, permettez-nous, Messieurs, de vous citer un exemple pris sur une de nos colonies où existent les taxes de fabrication et où la culture et le commerce des tabacs sont dans le marasme le plus complet. Nous parlons de l'Ile de la Réunion. A la date du 11 juin 1901, Monsieur le Gouverneur de la Réunion, demandait à son service compétent, les renseignements suivants. Nous appelons toute votre bienveillante attention sur les réponses :

D. — Quelle est la production locale de tabacs en feuilles par an ?

R. — 400.000 kilos.

D. — Quelle est la quantité de tabac haché pour la consommation locale ?

R. — 115.634 kilos en 1900.

D. — Quelle est la quantité de tabac haché pour l'exportation ?

R. — 50.523 kilos.

D. — Quel est le chiffre total de la production des usines de la Colonie ?

R. — 115.634 kilos + 50.523 kilos = 166.157 kilos.

Il résulte donc de ces déclarations officielles, dont nous tenons les originaux à votre disposition, que sur une production totale et reconnue de 400.000 kilos, la fraude admise est de 223.843 kilos, soit environ 60 0/0 de la récolte totale.

Du reste, dans les pays où les Gouvernements ont voulu tirer des ressources de la taxation du tabac, le système de monopole a seul été appliqué. La France, l'Autriche-Hongrie, l'Italie, la Turquie, l'Espagne, le Portugal, la Serbie, la Roumanie, l'Herzégovine, la Colombie, la République du Panama, détiennent seuls le commerce et la fabrication du tabac. Il est certain que si ces pays avaient trouvé leur avantage à l'application des taxes de la fabrication, ils s'y seraient ralliés.

L'Algérie voudra-t-elle exposer son jeune budget aux divers aléa que nous avons eu l'honneur de vous signaler, ou préfèrera-t-elle aller directement au seul but qui puisse lui assurer confiance et sécurité pour l'avenir.

Nous connaissons trop votre attachement aux intérêts économiques et par conséquent vitaux de notre Colonie, votre dévouement aux intérêts dont vous avez charge, le haut esprit d'équité qui vous anime et la sagesse de votre jugement, pour ne pas être persuadés, Messieurs, que votre choix sera fixé après lecture des considérations ci-dessus, et que vous vous rattacherez, *faute de pouvoir maintenir le statu quo*, à cause des exigences budgétaires, au monopole des tabacs qui est le seul projet qui puisse donner satisfaction à tous les intérêts en présence, sauvegarder ceux du Trésor, assurer la sécurité des prévisions budgétaires et permettre à notre Colonie d'avoir en mains les ressources nécessaires pour assurer les travaux qui peuvent entraîner son développement économique rapide et lui permettre de marcher sûrement vers l'avenir !

Vous aurez ainsi, Messieurs, bien mérité de l'Algérie.

Le Bureau du Syndicat Général
pour le développement de la Culture, de l'Industrie
et du Commerce des Tabacs en Algérie.

L. DACHOT-CLIMENT..	*Président.*
Michel MÉLIA.......	*Vice-Présidents.*
BRAHIM MOUHOUB...	
M. ALBOU..........	*Trésorier.*
V. LOMBARD........	*Secrétaire.*
N. MÉLIA-BERTOMEU.	*Membres.*
AZOULAY...........	
DAHAMAN HAPHIZ....	
E. POINSOT........	

Alger. — Imprimerie Orientale, Pierre FONTANA, rue Pelissier, 3. — 3-06

www.ingramcontent.com/pod-product-compliance
Ingram Content Group UK Ltd.
Pitfield, Milton Keynes, MK11 3LW, UK
UKHW021030220726
13924UKWH00001B/223